# AURONS-NOUS

# LA CENSURE?

OU

## UN MOT

### SUR LA LIBERTÉ DE LA PRESSE.

PAR CYPRIEN DESMARAIS.

« Je répondrai que si la censure n'est pas nécessaire, elle ne
« sera pas rétablie ; si elle est nécessaire, je n'hésiterai pas
« à la proposer. » (*Paroles de M. de Villèle, séance des
députés du 17 mai 1826.*)

PARIS,

J. G. DENTU, IMPRIMEUR-LIBRAIRE,
RUE DU COLOMBIER, N° 21.

M D CCC XXVI.

# AURONS-NOUS ,
# LA CENSURE?

## CHAPITRE PREMIER.

### De la liberté de la presse.

C'est aujourd'hui une maxime proverbiale, que la liberté de la presse est de l'essence du gouvernement représentatif.

Si cette maxime est une vérité, c'est bien parce que le système représentatif est fondé sur la publicité; mais il faut ajouter : c'est parce que la liberté de la presse est une nécessité de notre époque : il en est d'elle comme de certains vêtemens favorables à la transpiration, et qu'on ne peut plus quitter sans danger lorsqu'on s'y est accoutumé; la liberté de la presse, c'est de la flanelle.

La liberté de la presse n'est autre chose qu'un mode particulier de la manifestation de la pensée. C'est un langage perfectionné, dont la puissance, il est vrai, s'exerce plus lentement que celle de la parole, mais dont les effets sont plus prolongés et plus certains.

Ainsi que la liberté de la parole, la liberté de la presse, qui a la même origine, dérive de la liberté de la pensée.

Mais si l'homme ne peut, sans violence et sans despotisme, enchaîner la pensée de l'homme, il en résulte que la parole, soit parlée, soit écrite (ou la liberté de la presse), ne peut être enchaînée, sans qu'il y ait violence et despotisme. —

C'est donc parce que la liberté de la presse est de l'essence du libre arbitre, qu'elle ne peut être modifiée dans son premier acte; c'est-à-dire qu'on ne peut sans injustice frapper, avant qu'il ait vu le jour, un écrit quelconque, d'une réprobation anticipée; c'est comme si l'on punissait quelqu'un d'avoir parlé, avant qu'il eût ouvert la bouche.

Infliger à un écrit une censure préalable, c'est la même chose que si l'on punissait comme coupable de calomnie un homme qui, par suite d'un vice d'organisation, ne pourrait prononcer que la moitié des mots : un écrit rédigé et imprimé, mais non publié, ressemble à un mot à moitié prononcé; et même lorsqu'il sera publié, si personne ni ne l'achète ni ne le lit, la pensée de l'écrivain restera enfouie; elle sera dans le néant. Sur quoi donc, dans ce cas, la censure se sera-t-elle exercée? sur rien, sur un néant; elle aura imaginé un fait pour le juger. Singulier tribunal! singulier arrêt !

Quoique ce langage perfectionné, qu'on appelle *la liberté de la presse*, soit une conséquence de la liberté de la pensée, il n'en est pas une conséquence aussi nécessaire, aussi immédiate que la parole orale : tous les hommes parlent; tous les hommes n'écrivent pas. Seulement, il y a ce point de ressemblance entre la parole écrite et la parole non écrite, qu'on ne peut pas davantage, et sans une égale injustice, mutiler l'une que l'autre : en d'autres termes, on ne peut pas rendre muet un peuple qui sait parler; on ne peut pas mieux, et sans les plus grands dangers, étouffer la liberté de la presse chez un peuple qui la connaît, et qui en a déjà joui. Quand la source n'a point encore jailli, on peut la laisser filtrer en secret dans le sein de la terre; quand la source s'est fait jour, qu'elle est devenue ruisseau, puis torrent, comment veut-on la dessécher ?

---

## CHAPITRE II

De l'impossibilité d'établir une censure légale, hors le cas des circonstances graves.

Je continuerai de me servir de la comparaison par laquelle j'ai terminé le chapitre précédent : la source a jailli, le ruisseau coule, le torrent se forme; un ministre vient se promener, accompagné de cinq hommes, sur les bords de ce torrent; il dit aux cinq hommes qui le suivent : « Les eaux sont bien hautes; elles viennent mouiller jusqu'au bas de mon manteau de pourpre. Je voudrais bien les faire baisser. Allez chercher vos rames et vos ciseaux ! »

Voilà le ministre, voilà les censeurs ! Cinq

hommes, dont trois ont peur, dont les deux autres sommeillent, voilà ce que vous prétendez opposer au torrent de la presse.

Dans le cas des *circonstances graves,* prévues par la loi pour nécessiter la suspension de la liberté de la presse, la censure peut arrêter une nouvelle fausse, dont la circulation eût été funeste à la tranquillité publique : hors le cas des *circonstances graves,* la censure ne peut rien arrêter; car alors elle n'a affaire qu'à la pensée, qui, semblable à Protée, est insaisissable.

Le rétablissement de la censure, hors le cas des *circonstances graves,* est un malheur public, parce qu'il rédige en ordonnance la violation de la loi; il met ainsi l'Etat en péril.

Dans cette hypothèse, qui s'est déjà présentée une fois depuis la création du ministère actuel, à l'occasion de l'arrêt de cassation rendu dans l'affaire de *l'Aristarque,* on peut dire que le rétablissement de la censure serait lui-même une *circonstance grave.*

Alors, il y a évidemment anarchie, puisque c'est au nom de la loi, et par l'usage intempestif qu'on en fait, que l'Etat est mis en péril.

Comment alors sortir d'une pareille crise? la chose serait difficile. Pourquoi? parce qu'on s'est enfermé dans un cercle vicieux. En effet, dans ce cas, le fait du rétablissement de la censure est lui-même une *circonstance grave* qui nécessiterait à son tour le rétablissement de la censure.

Mais la censure se trouvait déjà rétablie.

Il y a donc contradiction, et, de plus, contradiction légale, puisque la contradiction existe entre l'esprit de la loi et l'abus de la loi.

Comment le rétablissement de la censure peut-il devenir lui-même une *circonstance grave?*

Cela se conçoit facilement, puisque le fait du rétablissement de la censure serait un acte arbitraire; arbitraire ministériel qui aurait tous les caractères du despotisme, parce qu'il pèserait en même temps et sur la nation entière, et sur la plus précieuse de ses libertés.

Il y a arbitraire, lorsqu'on donne pour cause ou pour prétexte à la mise en activité d'une loi pénale, un motif qui n'est pas celui de la loi.

D'après l'esprit de la loi, il est évident qu'il faut entendre par *circonstances graves,* suffisantes pour justifier le rétablissement de la censure, un trouble quelconque qui met en péril en même temps et la société et le pouvoir.

Mais il faut, pour que la loi soit justement interprétée, que la cause du trouble vienne d'autre part que du pouvoir, et soit hostile envers le pouvoir.

Il y aurait donc fausse interprétation et acte arbitraire, si la cause du trouble, ou, en d'autres termes, si la *circonstance grave* provenait du pouvoir.

Il serait évident que le ministère serait coupable d'avoir placé l'Etat dans une *circonstance grave*, s'il était patent que la censure n'est autre chose, pour le ministère, qu'une espèce de refuge, qu'un fantôme dont il implore le secours pour prolonger de quelques jours sa propre durée, et pour se survivre en quelque sorte à lui-même.

Or, dans les circonstances où nous sommes, et après une lutte de plus de deux années de la part du ministère contre l'opinion, n'est-il pas évident que si la censure est rétablie, c'est que la censure est nécessaire au ministère, et non pas que la censure est nécessaire à l'État?

On voit donc bien qu'il y a anarchie dans les choses et bouleversement dans les principes, puisque le ministère traduit ces mots, *circonstances graves*, ou péril de l'État, par ceux-ci, *circonstances graves*, ou péril du ministère.

Donc il y a violation de la loi, puisqu'on la force à commettre un contre-sens; donc il y a *circonstance grave* produite par le pouvoir ministériel, puisqu'au lieu de faire servir la loi à protéger la société contre les fautes et les erreurs du ministère, on fait servir la loi à mettre le ministère en hostilité contre la société.

De deux choses l'une : ou il existe dans la société un état de trouble matériel équivalent à une *circonstance grave*, et dans ce cas il faut que le ministère le prouve, ou du moins l'indique, pour justifier la censure;

Ou le ministère ni ne le prouve ni ne l'indique, et dans ce cas il commet un acte arbitraire, puisque, pour motiver une mesure de rigueur et d'exception, il met en fait ce qui est en question.

Or, le rétablissement d'une mesure de rigueur et d'exception non motivé, devient une *circonstance grave*, puisque, par la violation de la plus précieuse des libertés publiques, il y a violation de toutes les libertés.

---

## CHAPITRE III.

Dans quel cas le rétablissement légal de la censure peut avoir lieu.

La loi du 17 mars 1822 s'exprime ainsi : « Si « dans l'intervalle des sessions des Chambres, des « *circonstances graves* rendaient momentanément « insuffisantes les mesures de garantie et de ré- « pression établies, les lois du 31 mars 1820 et « 26 juillet 1821 pourront être remises immédia- « tement en vigueur, en vertu d'une ordonnance « du roi, délibérée en conseil, et contresignée par « trois ministres. ».

Lorsque, dans la séance du 2 janvier 1822, M. le garde des sceaux de Peyronnet présenta à la Chambre des députés l'exposé des motifs de cette loi, il expliqua ce qu'il fallait entendre par des *circonstances graves* suffisantes, dans le sens légal, pour motiver le rétablissement de la censure.

« Dans les *circonstances graves*, disait le mi- « nistre, dans les temps de trouble, quand la sû- « reté de l'État sera menacée, si les règles habi-

« tuelles sont insuffisantes , on y pourvoira par des
« mesures momentanées , dont l'expérience aura
« garanti l'efficacité. »

Dans un autre passage du même discours, la
même Excellence disait encore : « S'il survenait
« des temps malheureux, que le débordement de
« la licence fût tel que ces barrières ne pussent
« plus l'arrêter, l'État ne devrait cependant pas
« rester sans défense. La prudence veut qu'on
« tienne en réserve un pouvoir plus étendu, mais
« momentané, pour détourner des périls dont la
« gravité même abrégerait la durée. La censure
« alors pourrait devenir accidentellement néces-
« saire. Tout concourt à persuader que ces fu-
« nestes *évènemens* ne se réaliseront plus parmi
« nous. »

On voit que le ministre entend par *circontance
grave,* un évènement, un trouble matériel.

Le langage que tenait à la Chambre des pairs
le même ministre, dans la séance du 18 février
1822, en présentant l'exposé des motifs du même
projet de loi, est encore plus significatif et plus
clair sur le sens que la loi a attaché à ces mots
*circonstances graves.* « La seconde disposition,
« disait le ministre à la noble Chambre, où les
« amis de l'ordre doivent encore puiser des motifs
« de sécurité, est celle qui, pénétrant pour ainsi
« dire dans l'avenir le plus éloigné de nous, et
« prévoyant que de *grands évènemens et de*
« *grands désordres* pourraient, dans la suite des

« temps, troubler la paix intérieure, qu'il est de
« notre devoir de fonder et de garantir, attribue
« au gouvernement du roi un pouvoir temporaire
« et conditionnel, mais cependant assez étendu
« pour imposer silence aux journaux coupables
« qui seconderaient, dans ces circonstances mal-
« heureuses, les desseins des *agitateurs*. »

Voici ce qui s'est passé dans la séance du 15 février 1822. Je copie le procès-verbal de la Chambre : « M. le ministre des affaires étrangères aborde
ensuite la question de l'amendement : il déclare
que l'art. 4 (si dans l'intervalle des sessions, etc.)
n'a été présenté que comme une disposition com-
minatoire. M. le ministre des finances s'est ex-
primé à cet égard avec une extrême franchise. Il
a dit que le ministère espérait trouver dans la loi
même des ressources contre la licence de la presse ;
que *c'était comme une dernière ressource qu'on
demandait cette censure pour des cas particu-
liers et graves.* Il y a eu certainement beaucoup
de franchise à faire cette déclaration, quand l'article 14 de la Charte laissait *au gouvernement la
faculté de l'établir quand il le jugerait convena-
ble et nécessaire au salut de l'État.* »

Dans la séance du lendemain, M. le ministre
des finances a dit : « Dans quelques circonstances
« graves, *telles que révolte à l'intérieur, mena-
« ces à l'extérieur combinées avec l'intérieur,*
« sans doute la censure est *nécessaire,* mais la
« dissolution n'est pas nécessaire, etc. »

« . . . . . . On parle de deux sessions dans le cours de cette année, si les circonstances le permettent ; ce serait une mesure qui ferait cesser le provisoire ; si, d'un autre côté, les circonstances devenaient *assez graves* pour exiger le rétablissement momentané de la censure, *elles seraient de nature à empêcher deux sessions.* L'argument du préopinant tombe donc encore, puisque la censure et deux sessions sont incompatibles, en raison des circonstances qui exigeraient l'une et qui empêcheraient les autres. »

Il résulte de ces paroles ministérielles la preuve évidente que, pour rester fidèle à la pensée de la législation sur cette matière, il faut entendre, par *circonstances graves,* des *temps de trouble,* comme le disait le ministre, où *la sûreté de l'État serait menacée....; des périls dont la gravité même abrégerait la durée...; de grands évènemens, de grands désordres qui pourraient troubler la paix intérieure....;* lorsqu'il y aurait des *agitateurs* dont les journaux seconderaient les desseins.

Or, pour se conformer à la définition donnée par le ministre, il faut nécessairement, soit afin que le cas des *circonstances graves,* soit afin que le motif légal du rétablissement de la censure existent, il faut, disons-nous, que le ministère établisse le *considérant* de l'ordonnance sur un fait matériel de conflagration, de bouleversement, de conspiration ou d'émeute.

Examinons donc si, à part les *circonstances graves,* dans lesquelles le ministère a placé la France, mais que le ministère ne peut légalement invoquer pour rétablir la censure (parce qu'en politique comme en droit, on ne peut jamais baser une prétention sur un délit personnel, sur une faute, sur une erreur), voyons s'il existe quelque autre circonstance, de laquelle le pouvoir ministériel puisse arguer.

## CHAPITRE IV.

Les circonstances graves, de nature à motiver le rétablissement de la censure, existent-elles ?

On entend dire, d'un côté, par les partisans, ou, si l'on aime mieux, par les amis, ou, si l'on aime mieux, par les convives du ministère, que la France est, en ce moment, dans un état de prospérité fort satisfaisant. Selon ces optimistes à gages, tout est pour le mieux sous le meilleur des ministères possible : selon eux, si l'on excepte les rentiers, les propriétaires, les colons, les émigrés, les commerçans, les industriels, les royalistes et les libéraux, tout le monde est à peu près content.

D'un autre côté, l'opposition dit et prouve que tout va mal : à l'entendre, le crédit se meurt, et la misère publique est toute prête à escorter son enterrement ; selon cette même opposition, on aurait dupé les rentiers pour consoler les émigrés, qui pourraient bien être dupes à leur tour; on aurait créé le *trois* pour cent pour dévorer le *cinq,* et il arriverait que le *trois* dévore, mais n'engraisse pas; on aurait vendu aux habitans de Saint-Domingue leur indépendance, dans le cas où il leur plairait de la payer; on aurait rendu l'affaire Ouvrard indéchiffrable, ce qui prouverait évidemment, comme l'a dit le ministre, que le ministère ne demande pas mieux que d'être jugé; on aurait obtenu la septennalité, afin d'avoir le temps de faire beaucoup pour la monarchie, qui ne s'est pas encore aperçue qu'on eût rien fait pour elle; enfin, l'agriculture languirait, le commerce serait en partie ruiné, les porteurs d'effets de commerce ne trouveraient pas à les escompter à douze pour cent, tandis que l'intérêt de l'argent serait à quatre pour cent dans l'ordonnance·; la France, sans considération au-dehors, serait pauvre et faible au-dedans, etc.

Voilà bien les deux thèses opposées en présence l'une de l'autre. Où est la vérité? Se rencontre-t-elle dans l'apologie ou dans l'accusation?

Il faut cependant que quelqu'un ait raison, ou des apologistes du ministère, ou des organes de l'opposition.

Si les apologistes des ministres ont raison, il est démontré qu'il n'y a pas lieu de rétablir la censure, puisque, dans ce cas, la France, loin d'être placée dans des *circonstances graves,* serait, au contraire, dans un état florissant et prospère.

Si c'est l'opposition qui a raison, il est évident qu'il n'y a pas davantage motif au rétablissement de la censure ; car les maux qui provoqueraient et qui justifieraient les plaintes de l'opposition n'auraient pas le caractère de *circonstances graves ;* la cause de ces maux serait dans le ministère, et non dans l'Etat; loin de pouvoir être guéris par la censure, ils ne pourraient qu'être aggravés par cette mesure.

Mais si ces maux ne constituent pas des *circonstances graves,* que constituent-ils donc ? Ils constituent la misère publique. Or, on ne remédie pas à la misère publique par la censure. Pourquoi ? la raison en est bien simple : c'est que la censure ne bat pas monnaie, c'est que la censure ne donne pas de pain.

Que voudrait donc le ministère, et à qui en voudrait-il en rétablissant la censure ? Il en voudrait à l'opposition.

Mais on n'a jamais ouï dire que, dans un gouvernement constitutionnel, l'existence d'une opposition fût une *circonstance grave.*

## CHAPITRE V.

Que le rétablissement de la censure serait plein de dangers pour la monarchie, et sans utilité pour le ministère.

Sous un régime constitutionnel, la censure est une mesure d'exception, par conséquent une mesure violente. Il est de la nature de toute mesure violente de produire un grand bien quand elle est nécessaire, de produire un grand mal quand elle est inutile.

Il est évident que cette mesure est inutile lorsqu'elle est illégale : elle est frappée d'illégalité lorsque le cas prévu pour en motiver l'exercice ne se présente pas.

En d'autres termes, le rétablissement de la censure serait inutile et illégal, si l'Etat ne se trouvait point placé au milieu de *circonstances graves*.

Le rétablissement de la censure, dans ce dernier cas, produirait donc beaucoup de mal :

Parce qu'une mesure d'exception, lorsqu'elle n'est point justifiée, devient de l'arbitraire et du despotisme pur ;

Parce que, lorsqu'il y a arbitraire et despotisme pur, par la suspension intempestive de la liberté de la presse, il y a en même temps suspension du régime constitutionnel ; il y a anarchie, car il n'y a plus de garanties légales.

Or, lorsque l'anarchie est introduite dans l'État par le pouvoir ministériel, elle risque d'embraser les parties les plus combustibles de la société. Les peuples sont prompts à se soulever lorsqu'ils trouvent, dans l'arbitraire auquel s'abandonne le pouvoir, une excuse et un prétexte aux soulèvemens.

Offrir un prétexte à la révolte, c'est presque l'encourager.

Les plaintes qui se font jour par la voie de la publicité, et qui ont pris, en quelque sorte, leur écoulement naturel par le canal de la presse, que deviennent-elles dans le cas du rétablissement illégal et intempestif de la censure?

Elles produisent le même effet qu'un virus, que le médecin imprudent refoulerait dans la masse du sang, et qui, au bout d'un certain temps, livrerait le corps entier du malade à la gangrène et à la corruption.

Il y a danger imminent pour la monarchie par le rétablissement intempestif de la censure.

En effet, de quoi s'agit-il dans cette hypothèse?

De rien autre chose que d'une querelle entre le ministère et l'opposition.

L'opposition prétend prouver que le ministère est inhabile, qu'il compromet le salut de l'État, qu'il doit quitter le pouvoir.

Le ministère, au contraire, prétend démontrer qu'il est habile, qu'il fait le bien du pays, qu'ainsi il doit rester au pouvoir.

Voilà le procès. Les débats sont engagés en présence de l'opinion, l'audience est ouverte, les juges sont sur leurs siéges, les avocats parlent, le public écoute, on attend l'arrêt. Tout à coup la censure se montre à la tête d'une escouade de gendarmerie; elle fait vider la salle, ferme les portes du Palais-de-Justice, et crie au public qui est dans la rue : « Messieurs, vous voyez « maintenant que le ministère a gagné son procès,

« et que vous l'avez perdu ! Cela est-il clair ? »

Mettre fin à un procès lorsqu'on est partie intéressée, soit en tuant sa partie adverse, soit en faisant avaler de l'opium à ses juges, soit en rétablissant la censure, qu'est - ce que tout cela prouve contre celui qui en agit ainsi ? Cela prouve que les torts sont de son côté, qu'il les avoue, et qu'il passe condamnation.

Lors donc que le ministère rétablit la censure, hors le cas des *circonstances graves,* et dans le seul but d'étouffer la plainte de l'opposition, il fait la même chose que s'il avouait publiquement qu'il est inhabile, qu'il compromet le salut de l'État, et qu'il doit s'éloigner du pouvoir. On a donc alors des hommes qui administrent, et qui avouent qu'ils ne savent pas administrer; des hommes qui restent ministres, et qui avouent qu'ils ne savent pas être ministres.

Dans cet état de choses, il y a anarchie, puisqu'il reste une monarchie sans ministère, ou avec un fantôme de ministère. Vous n'avez donc plus alors que l'ombre du régime représentatif. Qui est-ce en effet qu'un système constitutionnel dont on a retranché l'administration légale et la liberté de la presse ? C'est beaucoup dire, que l'intituler une ombre de gouvernement.

Mais on sait que lorsqu'un gouvernement en est réduit à n'être plus que l'ombre de lui-même, cette ombre enfante presque toujours une révolution en réalité.

Que pourraient donc gagner les ministres au rétablissement de la censure, puisqu'ils démontreraient par-là qu'ils ne savent conserver leurs porte-feuilles qu'avec la censure? Ils ne sauraient donc, par la force des choses, rester ministres qu'autant que durerait la censure. Or, combien durerait la censure? Très-peu de temps, s'il survenait un bouleversement; très-peu de temps, s'il n'en survenait pas, et que le système représentatif sortît de cet état d'anarchie commencée.

Le ministère n'aurait que très-peu de temps à rester au pouvoir dans le cas du rétablissement de la censure.

Sans la censure, n'a-t-il donc pas la même espérance d'y rester très-peu de temps!

---

## CHAPITRE VI.

Que la censure ne peut servir au ministère ni à cacher ni à réparer ses fautes passées, ni à dérober à la connaissance du public les fautes nouvelles qu'il se proposerait de commettre.

AFIN que la censure pût servir à cacher les fautes passées du ministère, il faudrait que la censure fît couler au milieu de la France un nouveau fleuve du Léthé, dans les eaux duquel les censeurs seraient chargés de plonger tous ceux qui se permettraient d'avoir de la mémoire; ce qui ne laisserait pas de leur donner de l'occupation. Mieux vaut encore pour eux de rogner du papier.



2

Si les fautes, ou même, si l'on veut, si les erreurs du ministère n'étaient qu'incomplètes ; si elles n'étaient pas encore bien caractérisées, bien consommées ; si l'entêtement de leurs auteurs ne leur avait pas imprimé comme le sceau d'une funeste perfection, on pourrait espérer que la censure passerait l'éponge sur des œuvres, qui ne seraient que des essais : mais on le demande, tout le mal qui a été fait, n'est-il pas bien et dûment accompli ? N'a-t-il pas acquis le plus haut degré de certitude historique ? Il y a même dans tout cela une perfection telle, que l'on dirait que le mal a été fait par système, parce que tout se lie, parce que tout se tient ; à tel point que la mémoire la plus lente ne peut se rappeler un seul des traits de ce triste et vaste tableau, sans être comme involontairement assiégée du souvenir de tout le reste : c'est un véritable tableau synoptique. Toutes ces vérités funestes s'enchaînent si bien, que la première est en même temps la cause et le signal de celle qui suit : corruption des journaux, pour corrompre les élections ; pour avoir et s'assurer une majorité ; pour avoir et s'assurer la septennalité ; la septennalité, pour avoir sept ans ; la loi du sacrilége, pour avoir, pendant sept ans, la congrégation pour soi ; l'*indemnité*, pour désarmer, pendant sept ans, l'opposition de droite ; l'émancipation de Saint-Domingue, pour désarmer, pendant sept ans, l'opposition de gauche ; la loi du 3 pour cent, pour enfermer dans le même labyrinthe la loi sur Saint-Domingue et la loi de l'indemnité ; labyrinthe dont une seule maintiendrait le fil ; le syndicat, pour enchaîner le 3 pour cent ; le droit d'aînesse, pour enchaîner tout le monde, les aînés par le privilége, les cadets par la détresse. Il n'y a en dehors de tout cela que l'affaire Ouvrard, enfant perdu du système ministériel, venu au monde avant le rêve septennal, et qui n'a pu être étouffé sous les lauriers du Trocadéro, ni périr d'ennui à Sainte-Pélagie.

Toutes les fautes du ministère sont aujourd'hui tellement connues, tellement avérées, qu'elles sont, en quelque sorte, passées en proverbe. Et l'on veut que la censure en efface le souvenir !

Mais si la censure était de nature à changer la situation critique de la France en une situation prospère, il n'est pas douteux qu'immédiatement après le rétablissement de la censure, on verrait :

Le commerce, l'agriculture et l'industrie refleurir ;

La corne d'abondance appendue au bout des ciseaux des censeurs ;

La septennalité porter ses fruits, jusqu'ici vainement attendus ; c'est-à-dire qu'elle donnerait des lois conservatrices de la monarchie, de la communauté et de la famille :

On verrait le crédit public raffermi, le syndicat destitué, les 3 pour cent rentrer dans les 5, les rentiers indemnisés de leurs pertes, les *indemnisés* payés :

On verrait les receveurs - généraux devenir receveurs-généraux ; les rentiers redevenir rentiers ; la république de Saint - Domingue redevenir une province de la monarchie française , ou du moins payer la rançon de son indépendance.

῀On verrait bien d'autres choses; et l'on verrait enfin les ministres actuels quitter le ministère.

A qui persuadera - t - on que la censure puisse produire de pareils effets ?

Elle ne peut donc rien faire oublier; elle ne peut donc rien réparer. Pourra-t-elle couvrir de son manteau et soustraire à la perspicacité de l'opinion publique, les fautes nouvelles, les nouvelles aberrations auxquelles le ministère aurait l'espoir de se livrer avec impunité? On ne saurait le croire.

Les ministres actuels sont si bien connus, que le public, en quelque sorte, les sait par cœur. Et quand même on ne connaîtrait pas parfaitement le reste du ministère, il suffit de connaître M. de Villèle, pour être sûr d'être bien instruit sur tout le reste : à l'égard de sa publicité personnelle, on peut dire que le président du conseil est aussi heureux que le Grand-Lama ; il ne peut pas tousser ni se moucher, sans que cela ne retentisse de toutes parts.

On connaît jusque dans ses moindres fils la trace de son système. Quel est son but ? quelles sont ses fins? s'éterniser au ministère.

Que peut-il faire? que peut-il réparer? rien. Car, pour réparer le mal, il faudrait auparavant déblayer le sol ministériel de tous les buissons dont on l'a couvert, le mettre à nu, et le labourer ensuite avec le sol monarchique pour le féconder. Mais, en politique, ce n'est pas l'auteur du mal qui peut guérir le mal. Pour faire le bien, il faudrait que cet homme se contredît lui-même, qu'il contredit ses propres systèmes. Or, en gouvernement, la contradiction est un néant; celui qui se contredit perd la confiance des peuples. Il en est en fait de ministère comme en fait de commerce, la confiance fait tout. La confiance règne t elle, le papier en lettres de change représente des lingots d'or : la confiance s'en va-t-elle, les lettres de change tombent sur la place et ne sont plus que des chiffons.

Aurait-on conçu un autre espoir ? Peut-être penserait-on pouvoir couvrir le secret de sa conduite à venir sous le voile officieux de la censure ?

Quelle erreur ! ou plutôt quelle naïveté ! Quoi ! dans l'état de détresse morale où se trouve le ministère, le fait lui-même du rétablissement de la censure, hors le cas des *circonstances graves*, ne serait-il pas, de la part des ministres, l'aveu le plus expressif qu'ils pourraient faire de leur incapacité, de leur impuissance et de leur nullité ? La censure elle-même n'expliquerait-elle pas assez ce qu'on prétend faire avec et pendant la censure ? Rester ministre, c'est bien tout ce qu'on prétendrait faire. Par la censure, n'annoncerait-on pas qu'on ne peut se justifier sur rien ? et que, par conséquent, on est coupable sur tout ? Prétendre qu'il y a contre le ministère une *circonstance grave,* lorsque le ministère serait lui-même cette *circonstance grave,* ne serait-ce pas faire servir une mesure d'exception à protéger le mal même ?

## CHAPITRE VII.

Qu'en supposant l'esprit public *égaré*, la censure serait inefficace pour le redresser.

La liberté de la presse, lors surtout qu'un peuple s'en est fait une habitude, est devenue pour ce peuple comme un second langage, ou du moins comme l'extension et le perfectionnement de sa langue politique. Supprimez donc la parole, retranchez donc tout à coup ce qu'elle a de hardi dans son développement, l'opinion considérera la censure comme son bourreau : et portée à tous les excès par son malheur même, elle croira trouver la preuve de son innocence dans son martyre.

Par la censure, les erreurs des partis, et jusqu'à leurs fantasmagories mêmes, prendront un nouveau degré de réalité et d'énergie ; là où l'on n'aurait vu que trente jésuites, la censure en fera voir cent.

Toutes les irritations seront donc poussées à l'extrême : ainsi, vous ajouterez à l'état d'exaspération où se trouve déjà le pays, un degré de plus. Additionnez ensemble, puisque vous aimez à procéder par chiffres, additionnez ces deux principes de conflagrations. Que vous donne cette addition ? une révolution.

Il faut faire une distinction importante : ou nous sommes placés sous le régime constitutionnel, ou nous vivons hors de ce régime.

S'il est incontestable que nous vivons sous le régime constitutionnel, la censure ne peut être que temporaire : or, par cela même que la censure est temporaire, elle ne saurait remédier qu'aux *circonstances graves,* elle ne pourrait rien contre les agitations d'opinions.

En effet, ce n'est pas votre censure de quelques jours qui pourra faire changer de direction à l'esprit public. L'esprit public, le mouvement des idées, ne se modifient qu'à la longue. Si votre censure devait être éternelle, et que vous fussiez des Lycurgue ou des Solon, vous pourriez, si toutefois l'État ne périssait pas avant que vous eussiez préparé, par une longue abstinence, l'esprit public à recevoir la nouvelle direction que vous voudriez lui imposer, vous pourriez peut-être, dis-je, modifier, au bout d'un certain nombre d'années, cette même opinion publique. Car remarquez bien que l'esprit public devrait passer par trois états différens, avant d'être propre à recevoir une nouvelle direction de la part du pouvoir.

Par l'effet de la censure, l'activité de l'opinion serait portée d'abord jusqu'à l'extrême irritation, peut-être même jusqu'au délire.

Dans cette crise, ou l'état serait bouleversé, ou il échapperait au péril. Si l'État échappait au danger, l'esprit public tomberait en faiblesse et en langueur, suite inévitable de son exaltation même. Ce serait alors le troisième période de la crise. Dompté et rendu docile, l'esprit public pourrait, après ces épreuves, subir deux chances : ou il serait étouffé par le despotisme, ou bien un pouvoir ministériel absolu, mais fort éclairé, pourrait lui imprimer une direction saine quoique faible.

Mais cette seconde chance, la moins défavorable à l'esprit public, n'est-elle pas tout à fait hors de la possibilité? Le despotisme ministériel et la sagesse, ne sont-ce pas choses tout à fait incompatibles? ne sont-ce pas choses tout à fait impossibles? Or, ce qui se trouve placé dans les chances de l'impossible équivaut à l'absurde. Voilà cependant un des meilleurs argumens de la logique ministérielle.

---

## CHAPITRE VIII.

Que la censure est impraticable, parce qu'on ne doit pas trouver de censeurs.

Il y a bien des gens aux yeux de qui cette proposition doit passer pour une folie. N'est-il pas reconnu aujourd'hui qu'on peut trouver de tout avec de l'argent : or, comment ne trouverait-on pas des censeurs ?

Pour moi, je conçois très-bien qu'un censeur puisse, en cas de *circonstances graves,* arrêter au passage, une mauvaise nouvelle, une nouvelle fausse ; étouffer, dans l'intérêt de la tranquillité publique, un bruit funeste : dans ce cas, qui est celui de la censure légale, il peut y avoir des censeurs, parce que des censeurs ont quelque chose à faire : en d'autres termes, il y aura des censeurs, parce que la censure sera bonne à quelque chose. Mais je ne conçois pas qu'un censeur puisse censurer l'opinion politique d'un journal. Une pensée politique est par elle-même quelque chose de si illimité, de si indéfini, que les tribunaux ont déjà bien de la peine à la saisir pour la juger, et la condamner lorsqu'elle est coupable ; et l'on voudrait faire croire qu'elle ne s'évaporera pas au travers de la griffe d'un censeur ! Un censeur est véritablement un homme qui a reçu l'ordre d'étreindre un nuage.

Un journal crie *au jésuite !* un autre journal crie *au feu !* Le censeur reçoit ces deux articles, il les censure, c'est-à-dire qu'il les supprime : si on lui demandait la raison de ce qu'il vient de faire, ne serait-il pas obligé de répondre qu'il a reçu ordre de penser qu'il ne devait plus y avoir au monde *ni feu ni jésuite !*

Une feuille prétend que l'intérêt de l'argent est à 5 et non pas à 4 pour 100 ; le censeur voyant arriver un 5, prend ses ciseaux : l'article disparaît. Que vient de faire le censeur ? il a fait, en un clin-d'œil, ce que n'a pu faire, pendant deux ans de travaux, M. le président du conseil avec tout son génie financier et tous ses journaux ; il vient de prouver que l'argent est à 4 pour 100.

Il en sera de même de toutes les questions. Un censeur se trouvera être devenu la première puissance du siècle; il tranchera des questions dont la solution échappe aux hommes du plus grand talent; il sera plus fort à lui seul que tout un ministère, il sera plus habile que tout un congrès de monarques de la Sainte-Alliance. Mais, hélas! qu'est-elle cette puissance? celle d'un enfant qui prétend attraper la lune au fond d'un sceau d'eau.

On voit donc bien que, hors le cas de *circonstances graves,* l'office de censeur est une fonction sans exercice, ou, en d'autres termes, une négation politique qui équivaut à un néant. Il n'y a donc pas de censeurs.

Il n'y a pas de censeurs sous un autre rapport.

On se rappelle ce qui arriva lors du rétablissement de la censure, à l'occasion de l'arrêt rendu dans l'affaire de *l'Aristarque.* Il n'y avait alors pas davantage de *circonstances graves* qu'aujourd'hui; je me trompe, aujourd'hui il y en a moins encore. Eh bien! pour exercer cette censure, on eut bien de la peine à trouver des censeurs; tout le monde se cachait, personne ne voulait l'être. Ceux qui en étaient faisaient dire par leurs amis qu'ils n'en étaient pas. Il semblait qu'on dût être déshonoré d'être censeur.

C'était donc un tribunal dont les juges se cachaient sous la table de l'audience. Il n'y avait que le greffier qui signât les arrêts; encore le faisait-il d'une main si tremblante, que cette signature, à moitié effacée, semblait avoir honte de se montrer.

S'il y avait de la honte alors à être censeur, n'y aurait-il pas aujourd'hui peut-être de l'ignominie? car on dit qu'il n'y a plus maintenant de ministériels de bonne foi. Ceux qui restent attachés au ministère disent qu'ils sont là en attendant un changement, et parce que ce n'est pas la peine de se déranger.

La censure n'est plus régulièrement exécutable aujourd'hui, parce que les faits sur lesquels roulent les plaintes de l'opposition sont trop patens, trop connus; les journaux n'apprennent plus rien sur le compte des ministres. Il faudrait au ministère plus de censeurs que de gendarmes; il faudrait empêcher de parler dans les comptoirs, dans les cafés, dans les rues; il faudrait censurer aussi le crieur de la Bourse; car il est évident pour tout le monde que lorsque cet homme crie le taux du 4 et demi, il fait de l'opposition.

Je suppose pour un moment votre censure constituée et établie. Vos cinq, vos six, vos cent censeurs sont à leur poste; je suppose même que déjà le prix des ciseaux ayant renchéri, vous puissiez dire que le commerce va refleurir, et que les fonds publics vont remonter. Eh bien! les journaux de l'opposition, déjà en si petit nombre, apparaissent chaque jour mutilés; les journaux ministériels circulent bien gras, bien ventrus, les colonnes pleines : les voilà tous vos journaux tels que vous les avez faits : l'un un peu royaliste, l'autre un peu libéral, celui-ci presque blanc, celui-là presque noir, en sorte que l'on trouve dans cet amalgame de la vérité à toutes les températures, du royalisme à tant de degrés, du libéralisme de tel numéro; et c'est là cependant tout ce qui serait protégé par la censure! et c'est là ce qu'on donnerait à la nation française pour l'instruire, ou, si l'on veut, pour l'amuser! Fermez le Théâtre-Français, fermez l'Opéra, fermez l'Odéon; mais, de grâce, fermez aussi *Bobéche!*

D'ailleurs, il ne me paraît nullement probable qu'en cas du rétablissement de la censure, les principaux rédacteurs des journaux ministériels, qui sont gens de talent, voulussent continuer de prêter appui au ministère.

## CHAPITRE IX.

### Que ce n'est pas la liberté de la presse qui est redoutable pour le ministère.

QUAND on observe ce qui se passe en France depuis quelques années, on ne peut s'empêcher de remarquer que ce n'est pas la presse qui fait de l'opposition, que ce sont bien plutôt les fautes du ministère.

On peut même croire, qu'au cas où il n'y aurait pas de journaux, l'opposition, qui s'exercerait dans les salons et dans les brochures, ne serait pas moins vive, peut-être le serait-elle davantage.

Les journaux, maintenant, produisent peu d'effet : c'est un mets auquel on ne fait presqu'aucune attention, parce qu'on en mange tous les jours. Peut-être le rétablissement de la censure serait-il, ainsi qu'on le disait il y a peu de temps, un excellent moyen de rajeunir les feuilles périodiques, d'en rendre la saveur plus piquante par le carême de la censure. Si j'étais propriétaire d'un journal, je présenterais une pétition aux Chambres, pour demander une loi qui réduirait à huit mois *l'année journaliste.*

La liberté de la presse trouve dans son usage même le remède à ses excès.

D'ailleurs, il faut le dire, dans un siècle où la passion de l'argent est poussée si loin ; où la pensée, réduite à sa valeur intellectuelle, est bien peu de chose ; où la liberté de la presse en haillons est bien moins éloquente qu'un ministère qui parle bien et qui paye encore mieux ; dans un pareil siècle, disons-nous, la vénalité de la presse est bien plus à craindre que ses excès.

Si le siècle est vénal, c'est dire qu'il est ministériel ; et si tout le monde aujourd'hui n'est pas ministériel, c'est vraiment parce que le ministère ne le veut pas.

Voyez combien est grande la différence entre les deux puissances : le ministère achète des journaux, et les journaux ne peuvent pas acheter le ministère. Ce ministère est véritablement incorruptible !

On sait combien le ministère a acheté de journaux. Au temps où la bande noire était dans la plus grande activité, le ministère avait répandu une terreur si grande, que l'on supposait tous les journaux achetés ; et comme il restait encore une opposition, on disait que c'était le ministère qui faisait de l'opposition pour s'amuser.

D'ailleurs, les lois sur la presse, et l'état actuel des choses, ne laissent-ils pas au ministère tous les moyens d'influence ? N'a-t-il pas à sa disposition les places et les sinécures, les brevets d'imprimeurs et de libraires ? au besoin, n'a-t-il pas les baïonnettes ? demandez à la *Quotidienne !*

Il est donc bien certain qu'entre la puissance ministérielle et la puissance de la publicité, la parité est difficile à établir. Les armes sont déjà assez inégales entre les deux champions ; il serait peu courtois, de la part du ministère, de rétablir la censure.

---

## CHAPITRE X.

De quelques prétextes que le ministère pourrait alléguer pour motiver le rétablissement de la censure.

Il se pourrait que le ministère se plaignît des journaux, et voulût rétablir la censure :

Sous le rapport des personnalités auxquelles ils peuvent se livrer ;

Sous le rapport des excès des opinions irréligieuses.

Quant aux personnalités, il faut répéter ce que nous avons déjà dit dans le cours de cet écrit, que les personnalités ne peuvent constituer une *circonstance grave*.

Les personnalités sont réciproques ; c'est-à-dire que si l'opposition lance des personnalités au centre, les journaux ministériels du centre ne se font pas faute des personnalités envers l'opposition ; et l'on peut affirmer, sans craindre d'être démenti, qu'il y a au moins compensation.

Lorsqu'un ministère en est venu au point de n'être plus qu'une masse compacte, de faire corps, il est impossible que les moindres traits qui viennent le frapper ne soient ressentis par l'âme unique qui anime ce corps : par cette concentration dans un foyer unique, la sensibilité ministérielle devient plus vive, plus irritable et plus intense ; et, dans ce sens, on pourrait fort bien dire que si M. de Corbière recevait un soufflet, M. de Villèle en aurait mal à la joue. Plus le ministère est un, plus il est sensible.

Le Français est naturellement peu porté aux abstractions métaphysiques : en Allemagne et en Angleterre peut-être, les personnes sont presque des choses ; en France, les choses sont presque des personnes. Le génie du peuple français est ainsi fait, il personnalise tout : pour lui, Henri IV est synonyme de bonté, Charles X est synonyme de loyauté.

Parlez de M. de Villèle, de M. de Corbière, de

M. de Peyronet, etc. Ces mots-là deviennent aussitôt des personnalités, parce qu'à ces mots s'attache un sens épigrammatique. Par la même raison, les noms de choses produisent souvent le même effet : le *trois pour cent* est une personnalité.

Dira-t-on qu'on cherche à déconsidérer la Chambre par des personnalités ? Pour éviter ce malheur, il faudrait pouvoir mettre à l'*index* le génie national. On ne veut pas que le centre prête à rire ; mais aussi, pourquoi le centre dîne-t-il ? Que serait donc l'indépendance en France, si, du moins, pour prix de ses sacrifices, elle n'avait pas le mince avantage d'échapper au ridicule ?

Voyons maintenant, si la censure sera profitable à la religion et aux mœurs.

Il faut bien remarquer (et l'histoire entière dépose de cette vérité) que les langues des peuples libres sont, en général, plus pudiques que celles des peuples qui ne sont pas libres. La censure rend la parole libertine. Lorsqu'on a la faculté de tout dire, le sentiment de la dignité humaine empêche de dire tout. Lorsque cette faculté est violentée, elle cherche, dans le libertinage clandestin de la parole, à se démontrer à elle - même qu'elle n'est pas enchaînée. Aujourd'hui, la langue est bien plus pudique qu'elle ne l'était jadis ; pourquoi cette différence ? Il faut l'attribuer, en grande partie, à la liberté de la presse.

Il y a plus : non seulement la langue française est maintenant chaste, elle est maintenant religieuse : cela est si vrai, que ceux mêmes qui, aujourd'hui, veulent faire de l'impiété, sont obligés de prendre le masque de la religion. L'impiété a maintenant son hypocrisie.

A cet égard, la censure ne pourrait pas empêcher le mal qui se ferait; elle en causerait un bien plus grand.

## CHAPITRE XI.

### Qu'il est dans l'intérêt du ministère actuel que la censure ne soit pas rétablie.

Le ministère actuel a surtout besoin de se faire considérer, de se relever dans l'opinion : par la censure, il commettrait sur lui-même un suicide moral.

Qu'est-ce qui a surtout déconsidéré le ministère actuel? C'est la censure du mois d'août 1824, c'est l'achat des journaux, qui est aussi une sorte de censure perfectionnée. Si la censure a déjà fait tant de mal une fois au ministère, sera-ce par la censure qu'il guérira la plaie que lui a faite la censure?

On accuse le ministère de corruption politique, à tort ou à raison; je n'examine pas cette question, mais enfin on l'en accuse. Que dirait-on si la censure était rétablie? On dirait que le ministère a fait de la censure un manteau pour couvrir la corruption : ce serait la corruption de la corruption. Il importe au ministère de ne point s'exposer à ce dilemme, qui ne laisse pas d'être embarrassant.

Enfin, la censure ne peut qu'être funeste au pouvoir ministériel, parce que la censure, hors le cas de *circonstances graves,* ne prouve jamais rien en faveur de ce pouvoir, et prouve presque toujours contre lui : or, en ne considérant la censure que comme un assez bon logicien, il faudrait convenir que le ministère n'a pas besoin de se mettre encore un pareil raisonneur sur les bras. Il en a bien assez d'autres.

Si le ministère veut que le pouvoir soit respecté, il convient que les ministres respectent la loi.

---

# CHAPITRE XII.

### Aurons-nous la censure ?

J'ai exposé, dans les chapitres qui précèdent, les motifs qui me portent à croire que nous ne devrions point avoir la censure.

Si maintenant on veut en savoir davantage, je renverrai les curieux à M. de Villèle, qui leur a dit : « Si la censure est nécessaire, elle sera rétablie; si elle n'est pas nécessaire, elle ne sera pas rétablie. »

Ce qui, pour moi, équivaut à ce dilemme : si on a la censure, on l'aura; si on ne l'a pas, on ne l'aura pas.

Il n'y a rien au monde de plus clair, et je ne vois pas pourquoi on a trouvé cette réponse ambigue.

# CHAPITRE XIII.

### Encore un petit chapitre.

PEUT-ÊTRE, hélas ! en ce moment la liberté de la presse est-elle à son agonie. Puisse un médecin auguste venir à son secours ! Quoi qu'il en soit, félicitons MM. Royer - Collard, Casimir Périer, Hyde de Neuville, Benjamin Constant et quelques autres députés, qui viennent de protester si éloquemment contre les nouveaux outrages sous lesquels on espérerait faire succomber la plus précieuse de nos libertés. Les ministres, loin de répondre aux argumens des honorables orateurs, ont laissé croire qu'ils n'avaient pas compris, ou qu'au moins ils n'avaient pas voulu avoir l'air de comprendre la question.

M. Royer-Collard a fort clairement démontré ce que la loi avait voulu entendre par *circonstances graves;* il a surtout fait voir, avec une grande puissance de raisonnement, que les moyens de réprimer la licence étaient tous compris dans l'article 3 de la loi, et que l'article 4, qui parle des *circonstances graves,* ne devait pas s'entendre de la licence de la presse; il a prouvé, de plus, que la *circonstance grave* devait, d'après l'esprit de la loi, être *imprévue.*

M. de Corbière a dit, en répondant à M. Royer-

Collard, que cette distinction entre l'esprit des articles 4 et 5 n'existait pas, parce qu'on n'y avait point songé depuis *la restauration*, c'est-à-dire que la distinction à faire entre les deux articles n'existait pas, puisque M. de Corbière n'y avait jamais pensé.

M. de Villèle est alors venu au secours de M. le ministre de l'intérieur; il a dit que *la censure était préventive de sa nature;* il a appliqué ce caractère de *préventive* aux *circonstances graves.*

« Si la censure est *préventive,* a dit le ministre, elle doit prévenir les *circonstances graves :* donc une *circonstance grave* n'est pas un fait accompli, mais un fait seulement prévu par le ministre. »

Donc, il faut dire, en continuant l'argumentation de M. de Villèle, une *circonstance grave* est une prévision du ministère. Par exemple : M. de Corbière a fait un mauvais rêve; il se lève ce jour-là; il court chez M. de Villèle; il lui annonce, en bâillant, qu'il a rêvé qu'il devait y avoir une émeute dans huit jours. M. de Villèle lui serre la main, et lui dit : « Mon cher, d'après mon discours du 29 mai dernier, il est évident que votre rêve, qui équivaut à une prévision, est une *circonstance grave.* Je vais proposer la censure. »

La *circonstance grave* n'est certainement pas un fait consommé, puisque la censure alors ne servirait à rien; mais aussi elle doit être un fait commencé, et non pas seulement une prévision :

voilà justement par où pêche le raisonnement de
M. de Villèle.

Quant à M. de Corbière, je ne crois pas qu'il
ait mal raisonné; mais il est évident qu'il avait
dormi, tandis que M. Royer-Collard parlait.

FIN.

IMPRIMERIE DE J. G. DENTU,
RUE DU COLOMBIER, N° 21.